essentials

T0349228

Essentials liefern aktuelles Wissen in konzentrierter Form. Die Essenz dessen, worauf es als „State-of-the-Art" in der gegenwärtigen Fachdiskussion oder in der Praxis ankommt. Essentials informieren schnell, unkompliziert und verständlich.

- als Einführung in ein aktuelles Thema aus Ihrem Fachgebiet
- als Einstieg in ein für Sie noch unbekanntes Themenfeld
- als Einblick, um zum Thema mitreden zu können.

Die Bücher in elektronischer und gedruckter Form bringen das Expertenwissen von Springer-Fachautoren kompakt zur Darstellung. Sie sind besonders für die Nutzung als eBook auf Tablet-PCs, eBook-Readern und Smartphones geeignet.

Essentials: Wissensbausteine aus Wirtschaft und Gesellschaft, Medizin, Psychologie und Gesundheitsberufen, Technik und Naturwissenschaften. Von renommierten Autoren der Verlagsmarken Springer Gabler, Springer VS, Springer Medizin, Springer Spektrum, Springer Vieweg und Springer Psychologie.

Falko von Ameln · Josef Kramer

Einführung in das Psychodrama

Für Psychotherapeuten, Berater, Pädagogen, soziale Berufe

 Springer

Falko von Ameln
Norden
Deutschland

†Josef Kramer
(*1953 in Ennigerloh,
†2014 in Lauf an der Pegnitz)

ISSN 2197-6708   ISSN 2197-6716 (electronic)
essentials
ISBN 978-3-662-45625-5   ISBN 978-3-662-45626-2 (eBook)
DOI 10.1007/978-3-662-45626-2
Springer Heidelberg Dordrecht London New York

Die Deutsche Nationalbibliothek verzeichnet diese Publikation in der Deutschen Nationalbibliografie;
detaillierte bibliografische Daten sind im Internet über http://dnb.d-nb.de abrufbar.

Springer
© Springer-Verlag Berlin Heidelberg 2015

Gedruckt auf säurefreiem und chlorfrei gebleichtem Papier

Springer Berlin Heidelberg ist Teil der Fachverlagsgruppe Springer Science+Business Media
(www.springer.com)

Vorwort

„Wenn wir diejenigen, die wir lieben, überleben, sterben wir ein wenig mit ihnen", hat Jacob Levy Moreno, der Begründer des Psychodramas, einmal gesagt, denn ihr Tod hinterlässt eine Lücke in unserem Leben. Josef Kramer, der mich über viele Jahre begleitet hat, ist nach der Fertigstellung des Manuskripts für seine Familie, Freunde und Kollegen überraschend verstorben. Mit seinem Einfühlungsvermögen, seiner ganz besonderen Art der Liebe zu den Menschen und seiner beeindruckenden Menschenkenntnis ist Josefs Tod für uns ein Verlust, der für immer schmerzen wird.

Falko von Ameln, im September 2014

Was Sie in diesem Essential finden können

- Eine kompakte Einführung in das Verfahren Psychodrama
- Die wichtigsten theoretischen Grundlagen des Psychodramas
- Eine praxisnahe Darstellung der umfangreichen Psychodrama-Methodik
- Anwendungshinweise für die Praxis in Therapie, Beratung, Supervision, Sozialarbeit, Pädagogik und anderen Anwendungsfeldern
- Anregungen für die Kombination mit anderen (z. B. systemischen) Verfahren

Inhaltsverzeichnis

Einleitung

Das Psychodrama ist ein in der ersten Hälfte des 20. Jahrhunderts von *Jacob Levy Moreno* entwickeltes Verfahren der Psychotherapie und Beratung. Das Prinzip des Psychodramas besteht darin, die subjektiv erlebte Wirklichkeit (griech. psyche = Seele) eines Fallgebers bzw. einer Fallgeberin, die im Psychodrama als Protagonist/in bezeichnet wird, in Form von szenischem Handeln (griech. drama = Handlung) erlebbar und reflektierbar zu machen, um so Veränderungsmöglichkeiten zu eröffnen. Neben dieser klassischen, protagonistenzentrierten Arbeitsweise umfasst der psychodramatische Kosmos eine Vielzahl weiterer Methoden, die alle auf dem demselben Prinzip basieren, beispielsweise.

- psychodramatische *Aufstellungen* (Virginia Satir, die die Entwicklung der heute weitaus bekannteren systemischen Aufstellungsarbeit maßgeblich prägte, war mit Morenos Arbeit durch persönliche Besuche an seinem Institut vertraut),
- das *Soziodrama*, das der Analyse von Gruppenprozessen und der Reflexion gesellschaftlicher Dynamiken dient,
- das *Bibliodrama*, bei dem die Teilnehmerinnen Szenen aus der Bibel nachspielen, um zu einem tieferen Verständnis biblischer Texte zu gelangen.

Die wichtigsten psychodramatischen Arrangements und Techniken werden in den Kap. 4 und 5 vorgestellt.

Das Psychodrama galt lange Zeit als Methode der Gruppenpsychotherapie. Heute kommen psychodramatische Methoden in den unterschiedlichsten *Arbeitsfeldern* zum Einsatz, z. B. Organisationsberatung, Supervision, Erwachsenenbildung usw. (eine ausführliche Übersicht über die Praxis des Psychodramas in den unterschied-

© Springer-Verlag Berlin Heidelberg 2015
F. von Ameln, †J. Kramer, *Einführung in das Psychodrama*, essentials,
DOI 10.1007/978-3-662-45626-2_1

lichsten Anwendungsfeldern findet sich bei Ameln und Kramer 2014b). Auch
wenn die Gruppe im Psychodrama viele wichtige Funktionen erfüllt, ist ein Einsatz
im Einzelsetting mit einigen Modifikationen problemlos und nutzbringend mög-
lich. In dieser *Monodrama* genannten Variante ersetzt der Berater/die Therapeutin
die Gruppe. Die ausführlichste Darstellung des Monodramas stammt von Erlacher-
Farkas und Jorda (1996, siehe auch Ameln und Kramer 2014a, S. 75 ff.).

1.1   Die Entstehung des Psychodramas

Zum Verständnis des Psychodramas ist ein kurzer Blick auf die Entstehungsge-
schichte des Verfahrens hilfreich. Jacob Levy Moreno war eine schillernde Persönlichkeit und ein vielseitig interessierter und begabter Mensch. Zu Beginn des 20.
Jahrhunderts studierte er Medizin in Wien, wo er u. a. Vorlesungen von Sigmund
Freud hörte. Das später entwickelte Psychodrama versteht sich vor diesem Hintergrund auch als *Gegenentwurf zur Freudianischen Psychoanalyse,* der Moreno ein
pathologisierendes Menschenbild und ein zu restriktives Vorgehen vorwarf: Durch
die Beschränkung auf die Sprache blieben nicht-sprachliche Anteile der Wirklichkeit der Klient/innen ausgeblendet, so dass die psychoanalytische „Infra-Realität",
wie Moreno (1977, S. 104) sie nannte, letztlich hinter der Wirklichkeit zurück-
bleibe. Moreno setzt dem sein Konzept der „surplus reality" (vgl. Abschn. 2.4)
entgegen: Es geht im Psychodrama nicht vorrangig darum, die Realität „faktenge-
treu" zu reinszenieren, sondern man kann auch über die Realität hinausgehen, z. B.
indem das subjektive Erleben der Protagonist/innen mithilfe symbolischer Darstel-
lungen ausgedrückt wird. So kann das Gefühl der Machtlosigkeit des Protagonisten gegenüber seiner Chefin im Psychodrama reproduziert und maximiert werden,
indem sich die Chefin (verkörpert von einer Mitspielerin) auf einen Stuhl stellt.
Oder wenn der Protagonist erkennt, dass der aktuelle Konflikt mit seiner Chefin
Reaktionsmuster aus der Beziehung zu seiner Mutter aktiviert, kann die Mutter in
die Szene eingebaut werden, um diese Parallelen zu explorieren und sich aus der
Übertragung zu lösen. Obwohl eine solche Darstellung im objektiven Sinne „un-
realistisch" ist, entspricht sie doch der subjektiven Wirklichkeit des Protagonisten
eher als eine vermeintlich „realitätsnähere" Darstellung.

Neben Morenos Beschäftigung mit der Psychoanalyse war sein Interesse für
das *Theater* für die Entstehung des Psychodramas von maßgeblicher Bedeutung.
Moreno hatte in den Wiener Augärten Kinder beobachtet und erkannt, dass diese
im Rollenspiel familiäre Konflikte darstellten und auf diese Weise bewältigten.
Später gründete er ein Stegreiftheater und plädierte dafür, das traditionelle Theater
mit seinen starren Rollenvorgaben aufzubrechen (Moreno 1924). Diese aus dem

Theater stammende Inspiration, die in der theaternahen Arbeitsweise des Psychodramas spürbar ist, belegt, dass das Psychodrama kein rein psychotherapeutisches
Verfahren darstellt.

Moreno hat den Fokus seiner Arbeit nie auf das Individuum allein, sondern stets
auf die *Beziehungen* gelegt, in die es eingebettet ist. Für ihn ist der Mensch immer
nur in Beziehung denkbar und verstehbar (dies wird in Abschn. 2.2 bei der Darstellung der theoretischen Grundlagen des Psychodramas noch deutlicher werden),
weswegen Moreno als früher Vertreter einer systemischen Perspektive gelten kann.
Entsprechend versteht sich das Psychodrama somit nicht allein als individualthe-
rapeutisches Verfahren, sondern zusammen mit der ebenfalls von Moreno begrün-
deten Gruppenpsychotherapie und seiner Soziometrie als Teil seines Projekts einer
Soziatrie, d. h. der soziotherapeutischen Veränderung von Gemeinschaften (bis hin
zur Gesellschaft als ganzer). Dieses Projekt blieb nicht nur Vision: Moreno baut
eine Gruppe für Prostituierte am Wiener Spittelberg auf, die man vielleicht als erste
Selbsthilfegruppe der Geschichte bezeichnen könnte. Er organisiert regelmäßige
Treffen, in denen die Frauen sich über Diskriminierungen, Krankheiten und andere
Probleme austauschen können; er sorgt für medizinische Hilfe und juristischen
Beistand für die Prostituierten und richtet einen Hilfsfonds ein, in den die Frauen
selbst einzahlen. Gemeinsam mit Gleichgesinnten mietet er ein Haus, in dem jeder
willkommen ist und bleiben kann, ohne Miete zahlen zu müssen. „An den Wänden
gab es farbig gemalte Inschriften mit folgender Verkündigung: ‚Kommt zu uns aus
allen Ländern. Wir werden euch Unterkunft geben'" (Moreno 1995, S. 49). Was als
Vorläufer der Encountergruppe beginnt, wächst sich zu einem Asyl für Flüchtlinge
des sich ankündigenden 1. Weltkriegs aus. Nach dem Krieg arbeitet Moreno als
Arzt im Flüchtlingslager Mittendorf, das er – ebenso wie später eine Schule – nach
soziometrischen Kriterien (siehe Abschn. 2.2) neu ordnet, um Konflikte zwischen
den Angehörigen verschiedener Nationalitäten zu reduzieren.

Diese und ähnliche Projekte waren für Moreno (1991) Schritte auf dem Weg
zu einer „therapeutischen Weltordnung" – auch wenn dieser Anspruch vermes-
sen ist, wirkt doch sein sozialrevolutionärer Anspruch noch spürbar in die heutige
Psychodrama-Praxis hinein.

1.2   Psychodrama und Rollenspiel

„Psychodrama – ist das nicht so eine Art Rollenspiel?" Diese Frage hört man von Psy-
chodrama-Unkundigen häufig. Auf diese Frage lassen sich zwei Antworten geben.

Einerseits ist Psychodrama in aller Regel Rollenspiel in einem weiteren Sinne,
denn das rollenbezogene szenische Spiel ist das zentrale methodische Arrangement

des klassischen, protagonistenzentrierten Psychodramas. Das Verhältnis der beiden Konzepte ist allerdings nicht immer eindeutig (Stadler und Spörrle 2008).

Andererseits geht das Psychodrama weit über die alltagssprachlich als Rollenspiel bezeichnete Methodik hinaus, die z. B. in der Personalentwicklung eingesetzt wird und bei der die Teilnehmer/innen eine ich-fremde Rolle in einem vom Trainer festgelegten Plot spielen:

- Im protagonistenzentrierten Psychodrama gibt es – anders als im konventionellen Rollenspiel – kein festgelegtes Skript und keine Rollenvorgaben. Es wird keine idealtypische Situation (z. B. Konflikt zwischen Mitarbeiterin und Chef), sondern eine Situation aus dem Erleben der Protagonistin bzw. des Protagonisten gespielt. Der Protagonist ist daher nach einem Grundsatz des Psychodramas zugleich Autor, Regisseur und Spieler in seinem eigenen Stück.
- Entsprechend müssen die Mitspieler/innen im Psychodrama nicht improvisieren, da sie Rollenvorgaben vom Protagonisten erhalten. (Die Notwendigkeit zu improvisieren ist einer der in der Praxis am häufigsten zu hörenden Einwände gegen das Rollenspiel.)
- Anders als das konventionelle Rollenspiel verfügt das Psychodrama über zahlreiche Arrangements und Techniken, mit denen die Szene erweitert und die Erkenntnisgewinnung der Protagonist/innen unterstützt wird. Die wichtigsten davon werden in Kap. 3 vorgestellt.

Theoretische Grundlagen 2

Die theoretischen Grundlagen des Psychodramas sind außerhalb der Psychodrama-Community kaum bekannt. Dies liegt sicherlich daran, dass Jacob Levy Moreno wenig zur systematischen Fundierung seiner Konzepte getan hat, die oft in verschiedenen widersprüchlichen Fassungen formuliert, bisweilen nicht stringent ausgearbeitet und im heute vielfach befremdlich erscheinenden expressionistischen Stil seiner Zeit geschrieben wurden. Nichtsdestoweniger war Moreno ein ausgesprochen kreativer und innovativer Denker, der viele bedeutende Konzepte (mit) begründet hat (etwa die Rollentheorie, die Soziometrie, die Aktionsforschung oder das Begegnungskonzept). Der Einfluss Morenos auf die geistesgeschichtliche Entwicklung des 20. Jahrhunderts und das Potential seines Denkens für Theorie und Praxis werden erst in jüngerer Zeit wieder gewürdigt (Ameln und Wieser 2014). Buer (1991, S. 268) sieht das Psychodrama sogar „als Prototyp einer ‚postmodernen' Wissenschaft" mit ethischem Fundament.

Die konzeptuellen Grundlagen des Psychodramas können hier nur angerissen werden. Es liegen aber eine Reihe von Arbeiten zur Systematisierung und weiteren theoretischen Fundierung von Morenos Werk vor (z. B. Ameln und Kramer 2014a; Buer 1999a; Hutter 2000; Hutter und Schwehm 2012; Leutz 1974; Zeintlinger 1996), die sich für das vertiefende Studium eignen.

© Springer-Verlag Berlin Heidelberg 2015
F. von Ameln, †J. Kramer, *Einführung in das Psychodrama*, essentials,
DOI 10.1007/978-3-662-45626-2_2

2.1   Der Mensch als Rollenwesen: Morenos Rollentheorie

Moreno ist einer der Begründer und Vordenker der soziologischen und sozialpsychologischen Rollentheorie (Novy 2014). Seine Arbeiten wurden zeitgleich mit und in Abgrenzung von der Rollentheorie von G. H. Mead entwickelt, die seine Pionierleistung heute in der öffentlichen Wahrnehmung bei weitem überschattet. Nach seiner Auffassung agiert der Mensch von Geburt an in Rollen, wobei psychosomatische Rollen (z. B. der an der Brust saugende Säugling) im Laufe der Entwicklung von psychodramatischen Rollen (z. B. der Liebende) und soziodramatischen Rollen (z. B. die Polizistin) nicht ersetzt, sondern nur überlagert werden. Diese Summe dieser Rollen machen die Identität des Menschen aus: „Die greifbaren Kristallisierungspunkte dessen, was wir das Ich nennen, sind die Rollen, in welchen es sich manifestiert" (Moreno 1959, S. 33).

Rollen haben einerseits einen kollektiven, sozial normierten Anteil, der andererseits aber stets individuell ausgestaltet werden kann und muss: Jede Rolle ist somit „eine Fusion privater und kollektiver Elemente" (Moreno 1982, S. 298). Die Herausforderung an das Individuum besteht darin, zu einer Rollengestaltung zu finden, die den Erwartungen der Umwelt, den Anforderungen der Situation und der eigenen Person gerecht wird. Das Ziel des Psychodramas kann in diesem Zusammenhang darin bestehen,

- das *Rollenrepertoire zu erweitern*, indem auf der Psychodrama-Bühne neue Rollen entwickelt (Rollenkreation), erprobt und schließlich im Rollentraining (siehe Abschn. 4.2) eingeübt werden,
- *Fixierungen auf dysfunktionale Rollen* (z. B. die des hilflosen Kindes oder der strafenden Mutter) aufzulösen,
- zurzeit *unzugängliche Rollen* im Rollenrepertoire der Klient/innen zu reaktivieren,
- Möglichkeiten für eine *flexiblere Ausgestaltung* vorhandener, aber in Rollenkonserven (siehe Abschn. 2.3) erstarrten Rollen zu entwickeln (Rollenelastizität) oder
- Lösungen für *Rollenkonflikte* zu finden.

Eine ausführliche Analyse und Weiterführung von Morenos Rollentheorie findet sich in Petzold und Mathias (1982).

2.2   Der Mensch als soziales Wesen: Tele, Soziometrie, soziales Atom, Begegnung

Moreno betrachtet den Menschen als konstitutiv soziales Wesen – Psychotherapie und Beratung müssen daher immer auch die soziale Einbettung der Klient/innen mitberücksichtigen. Ein wesentliches Problem sieht Moreno darin, dass die formalen Beziehungen in einem sozialen System oft nicht mit den Tiefendynamiken harmonieren, die er als *Tele* bezeichnet. Diese Tele-Prozesse beruhen auf elementaren Kräften emotionaler Anziehung und Abstoßung, die sich über Präferenzurteile („Wahlen") messen und in Form von Soziogrammen grafisch darstellen lassen. Im Rahmen seiner recht bekannt gewordenen *Soziometrie* hat Moreno eine Reihe von Techniken zur Erfassung und Darstellung sozialer Beziehungen entwickelt, die er u. a. nutzte, um Schulen und Flüchtlingslager nach soziometrischen Kriterien umzugestalten (gute Übersichten über theoretische Annahmen und praktische Anwendungsmöglichkeiten der Soziometrie finden sich in Ameln und Kramer 2014a, S. 187 ff.; Moreno 1996; Stadler 2013).

Angesichts dieses konstitutiv sozialen Charakters des Menschen greift eine allein auf die Person und ihre Psyche begrenzte Betrachtung in Beratung und Therapie zu kurz – für Moreno (1981, S. 93) „ist nicht das Individuum, sondern das soziale Atom die kleinste Einheit" der Betrachtung. Das *soziale Atom* umfasst die für eine Person relevanten Bezugspersonen, also in der Regel enge Familienangehörige, Freund/innen, ggf. Kolleg/innen und Nachbarn, Gruppen (z. B. der Fußballverein), aber auch verstorbene und weit entfernte Menschen, die für die Person eine subjektive Bedeutung haben. Mit der gleichnamigen Technik (Psychodrama 1991) lässt sich das soziale Atom in Form eines Soziogramms visualisieren und reflektieren.

Für Moreno zeichnet sich eine ideale Beziehung durch gegenseitiges Tele (s. o.) aus. Damit meint Moreno eine Verbundenheit durch gegenseitige Einfühlung (er spricht von „Zweifühlung" im Unterschied zu einer einseitigen Einfühlung), Verständnis und vollständige Annahme des Anderen in einer als existenziell erlebten *Begegnung* (die durchaus auch Konflikte beinhalten kann). Das lange Zeit eher esoterisch anmutende Tele-Konzept wird heute immer mehr durch die neurowissenschaftliche Forschung (z. B. zu Spiegelneuronen) abgesichert (Yaniv 2014). Tele und Begegnung stellen im Psychodrama wichtige Leitbilder für die Beziehung nicht nur zwischen den Klient/innen und ihren Bezugspersonen, sondern auch zwischen Psychodrama-Leiter/in und Klient/in dar. Aus dieser Leitvorstellung begründet sich auch eine psychodramatische Ethik (Hutter 2014), die auf authentische Begegnung und Verantwortung setzt.

2.3   Der Mensch als kosmisches Wesen: Spontaneität und Kreativität

Moreno war ein Mensch mit starken religiösen und spirituellen Grundüberzeugungen, der sich einerseits mit einem Schöpfergott verbunden fühlte, andererseits aber die moderne Abkehr von der Religion als Verlust empfand (eine ausführliche Analyse von Morenos religiöser Bilderwelt nimmt Hutter 2014 vor). Er sieht „eine größere Welt hinter der Psycho- und Soziodynamik der menschlichen Gesellschaft, nämlich die ‚Kosmodynamik'. Der Mensch ist ein kosmischer Mensch, nicht nur ein sozialer oder individueller Mensch" (Moreno 1977, S. 108). Als wichtigste kosmische Triebkraft betrachtet Moreno die Kreativität, sie ist für ihn die „Ursubstanz", die allen schöpferischen Prozessen im Universum zugrunde liegt. Um dieses kreative Potenzial des Kosmos nutzbar zu machen, ist Spontaneität als Katalysator erforderlich.

Da Moreno den Menschen als kosmisches Wesen versteht, wirken auch in ihm die kosmischen Kräfte der Spontaneität und Kreativität. Entfremdung vom Universum und von sich selbst kann aber dazu führen, dass der Zugang des Menschen zu diesen Kräften blockiert sein wird. Dann kann es sein, dass die im Rollenrepertoire verfügbaren Rollen einer Person für die Gestaltung einer Situation, die neue Rollenanforderungen stellt (z. B. für das Eingehen einer Partnerschaft) nicht ausreichen. In diesen Situationen kann das psychodramatische Spiel dazu beitragen, solche Kreativitätsblockaden zu lösen. Es folgt dabei einem Prozess, den Moreno – auch außerhalb der Psychodrama-Bühne – als grundlegend für jedes kreative und spontane Handeln betrachtet. Ausgehend von einer Situation, in die immer bereits kulturelle Vorprägungen eingehen, ist ein Erwärmungsprozess erforderlich, der den Handelnden im Idealfall in eine sogenannte Stegreiflage bringt. In dieser Stegreiflage wird Kreativität aktiviert, die eine neuartige und situationsadäquate Gestaltung ermöglicht (erst wenn diese beiden Kriterien erfüllt sind, so Moreno, kann man von einer konstruktiven kreativen Gestaltung sprechen, im Unterschied zu einer ungerichteten, nicht auf die Lebenspraxis bezogenen Spontaneität). Schließlich werden die neu entwickelten Verhaltensweisen routinisiert und in Form sogenannter Rollenkonserven in das habituelle Repertoire der Person übernommen – der Kreislauf ist geschlossen (vgl. Abb. 2.1).

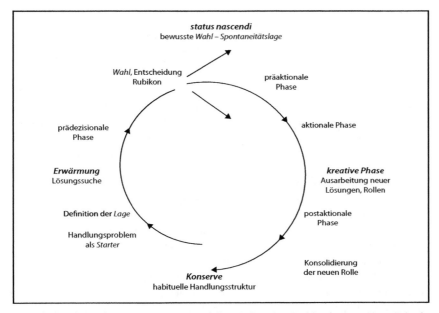

Abb. 2.1 Modell der Spontaneität – Kreativität als kreative Problemlösung. (Aus: Schacht 2009, S. 70)

2.4   Psychodrama als Co-Konstruktion von Wirklichkeit: surplus reality

Das bereits in Abschn. 1.1 eingeführte Konzept der surplus reality wird in der Psychodrama-Literatur meist nur am Rande erwähnt (eine Ausnahme bildet das gleichnamige Themenheft der Zeitschrift für Psychodrama und Soziometrie 2013b), obwohl es das zentrale methodische Prinzip des Psychodramas beschreibt.

Die in der Praxis immer wieder berichtete hohe Erlebnisdichte und Wirklichkeitsnähe des Psychodramas lässt sich wohl auch darauf zurückführen, dass unser Erleben zu einem großen Teil in Form von erinnerten Szenen (vgl. die Forschung zum autobiografischen bzw. episodischen Gedächtnis) organisiert ist:

Jede Szene [...], die ich wahrnehmend und handelnd gestalte, wird in mir eingegraben. [...] So schreite ich von Szene zu Szene, die sich mir leibhaftig einprägen, in meinem Gedächtnis verankert werden. Das Gedächtnis wird so ein unendliches

Reservoir von Szenen: szenisches Gedächtnis. Es *archiviert* meine Geschichte als Geschichte von räumlichen, zeitlichen und sozialen Konfigurationen, deren Kondensat als ‚Struktur' bezeichnet werden kann. Ich internalisiere die Szene als *Struktur*, wobei Struktur verstanden wird als das ‚an unterschiedlichen Orten des Zeitkontinuums als *homolog* erkennbare Kondensat von Konfigurationen'. (Petzold 1981, S. 48; Hervorhebungen im Original)

Schon Argelander (1970) und Lorenzer (1973) haben darauf hingewiesen, dass unsere Erfahrung nicht in Form von abstrakten Wissensbeständen organisiert ist, sondern als holistische, an der konkreten Sinneserfahrung orientierte, vorsprachlich organisierte und stets auf das Selbst bezogene „Engramme" der betreffenden Situation.

Das Prinzip des Psychodramas besteht also darin, das Geschehen auf der „inneren Bühne" in ein materielles Bühnenarrangement umzusetzen, das in seiner szenischen Form der szenischen Organisation der Wirklichkeit des Protagonisten entspricht. Eine genauere Analyse des Konzepts der surplus reality findet sich in Ameln (2013). Manche Psychodramatiker/innen sprechen nur im Zusammenhang mit der Inszenierung von Träumen, mit Märchenspielen etc. von surplus reality. Die Ausführungen Morenos zu diesem Konzept belegen jedoch, dass er surplus reality in einem sehr viel weitreichenderen Sinne als „Modus der Erfahrung, der über die Realität hinausreicht und der dem Einzelnen eine neue und erweiterte Erfahrung der Realität ermöglicht" (Moreno 1965, S. 212) konzipiert hat.

Moreno bezeichnete das Psychodrama in einem viel zitierten Ausspruch als „Methode [...], die die Wahrheit der Seele durch Handeln ergründet" (Moreno 1959, S. 77). Dies darf nicht zu dem Missverständnis führen, dass das Psychodrama einen beobachtungsunabhängigen „inneren Kern" der Persönlichkeit enthüllen würde. Vielmehr ist psychodramatische Arbeit im konstruktivistischen Sinne eine Beobachtung 2. Ordnung, deren Ergebnis keineswegs unabhängig ist von den (impliziten oder expliziten, auf wissenschaftlichen oder subjektiven Theorien fußenden) diagnostischen Hypothesen des Leiters, seiner das Spielgeschehen lenkenden Interventionen und der Fragen, die er an die Protagonistin richtet. Die Erkenntnis, die der Protagonist im Psychodrama gewinnt, ist also objektiver Niederschlag der „Wahrheit seiner Seele", sondern

ein Stück gemeinsamer Dichtung [...]. Es wird *nicht* bislang verborgene Realität nach dem Muster einer dedektivisch aufzufindenden Faktenwahrheit abgebildet (ein Irrtum, dem auch führende Psychodrama-Theoretiker aufsitzen), sondern es wird noch *während* der gemeinsamen Regie und dem Spielen des Stückes, in dem der Klient Hauptdarsteller ist, sowie in der Nachbearbeitung *ein vielschichtiges Stück gedichtet*, eine bildhaft-symbolische Repräsentanz gefunden, die seine Interaktions- und seine Konflikterfahrung, seine Sehnsüchte und Ängste vollständiger und unter Umständen ermutigender abbildet als die zuvor bestimmenden Bilder und Symbole. Dieses erarbeitete symbolische Gefüge ist keineswegs endgültig; es wird im therapeutischen oder Selbsterfahrungsprozeß noch immer wieder ergänzt, korrigiert, umgedichtet. (Ottomeyer 1987, S. 88, Hervorhebungen im Original)

Psychodrama ist also eine Co-Konstruktion von Wirklichkeit in der surplus reality. Der Ort für eine Reflexion dieser Co-Konstruktion vor dem Hintergrund alternativer Spielverläufe und daraus resultierender Erkenntnisse ist die Prozessanalyse, die ein fester Bestandteil des psychodramatischen Prozesses ist (siehe Abschn. 3.4).

Handlungsebenen und Phasen im psychodramatischen Prozess

3.1 Erwärmungsphase

Gemäß der Überzeugung, dass jedes neue Handeln der Aktivierung von Spontaneität und Kreativität im Sinne des in Abschn. 2.3 Vorgestellten bedarf, beginnt jede Psychodrama-Sitzung mit einer Erwärmungsphase. Dahinter steht die Erfahrung, dass alle Beteiligten zunächst (ähnlich wie bei Aufwärmübungen vor einer sportlichen Betätigung) einer Erwärmung auf der psychischen, sozialen und auch körperlichen Dimension bedürfen, bevor sie sich auf eine intensive gemeinsame Arbeit einlassen können. In der Erwärmungsphase können – wie z. B. in Selbsterfahrungs- und Therapiegruppen häufig der Fall – Erwärmungstechniken aus dem Psychodrama-Kontext, aus anderen methodischen Kontexten, aus Sammlungen von Interaktionsspielen usw. zum Einsatz kommen. Zu den spezifisch psychodramatischen Erwärmungstechniken gehören:

- das schon in Abschn. 2.2 angesprochene *soziale Atom*.
- die *Aktionssoziometrie*. Bei diesem „Spiegel" des soziometrischen Status der Gruppe stellen sich die Teilnehmenden gemäß eines vorgegebenen Kriteriums im Raum auf, z. B. entsprechend ihres Wohnortes auf einer imaginären Landkarte oder nach Berufen, wobei sich Personen mit ähnlichen Berufen zusammenfinden.
- die *lebendige Zeitung*. Bei dieser schon von Moreno eingesetzten Technik werden auf der Basis von Zeitungsartikeln aktuelle Ereignisse nachgespielt.

© Springer-Verlag Berlin Heidelberg 2015
F. von Ameln, †J. Kramer, *Einführung in das Psychodrama*, essentials,
DOI 10.1007/978-3-662-45626-2_3

Beim Einsatz des Psychodramas in der Schule oder in der Personalentwicklung fungiert schon die Beschäftigung mit dem jeweiligen Seminar- bzw. Unterrichtsthema als Erwärmung. Ziel der Erwärmungsphase ist – je nach Kontext – die emotionale Aktivierung der Gruppe und ihrer Mitglieder, die Identifizierung eines für alle Gruppenmitglieder relevanten Themas und der Aufbau von Gruppenkohäsion und Vertrauen. Weitere Gedanken zur Gestaltung der Erwärmungsphase sowie zahlreiche Erwärmungstechniken finden sich in Ameln und Kramer (2014a, S. 109 ff.).

3.2 Aktionsphase

Es folgt die Aktionsphase, in der die eigentliche szenische Arbeit stattfindet. Im klassischen *protagonistenzentrierten Psychodrama* stellt hier die Fallgeberin bzw. der Fallgeber eine Szene aus dem eigenen Erleben dar. Dieses Nachspielen von Ereignissen aus dem Leben des Protagonisten bzw. der Protagonistin ist das im Psychodrama wohl am häufigsten verwendete Arrangement.

Morenos klassische Psychodrama-Bühne an seinem Institut in Beacon Hill, NY verfügte über mehrere Ebenen. Für die Exploration des Themas des Protagonisten war die erste Ebene vorgesehen. Sie ist gewissermaßen der Übergangsbereich zwischen der Alltagsrealität und der psychodramatischen surplus reality. Gemäß dem Grundsatz „Handeln statt Reden" sollte die Exploration nicht zu sehr ausgedehnt werden. Es geht dabei nicht darum, das Thema vollständig zu durchdringen oder gar bereits zu lösen. Ein zentrales Ziel besteht vielmehr darin, die zentralen Fragestellungen für das anschließende Spiel herauszuarbeiten (dieser in der Psychodrama-Literatur oft vernachlässigte Aspekt der Auftragsklärung wird bei Ameln und Kramer 2014a, S. 125 ff. ausführlicher besprochen). Das zweite Ziel der Exploration ist es, eine Schlüsselszene zu finden, die für die Problemlage des Protagonisten und ihre Dynamik möglichst repräsentativ ist. Wenn eine solche Schlüsselszene gefunden ist, wird diese mit einigen Requisiten auf der zweiten Stufe der Bühne eingerichtet. Die für die Bearbeitung des Themas wichtigsten Rollen werden mit Mitspieler/innen aus der Gruppe (sog. Hilfs-Ichen) besetzt. Im Einzelsetting können die Rollen von der Leitung übernommen oder durch leere Stühle (siehe Abschn. 4.3) oder andere Symbole verkörpert werden. Mit dem Wechsel von der ersten auf die zweite Ebene tritt der Protagonist in die psychodramatische surplus reality ein. Auch wenn heutzutage in der Regel keine Mehrstufenbühne zur Verfügung steht, lassen sich im Psychodrama doch die in Abb. 3.1 dargestellten drei Ebenen wiederfinden.

Der Leiter steuert dann das Spiel auf der Basis des von der Protagonistin formulierten Auftrags, seiner Diagnostik und der daraus abgeleiteten Ziele für den Prozess (vgl. Ameln und Kramer 2014a, S. 127 ff.), indem er jeweils passende Ar-

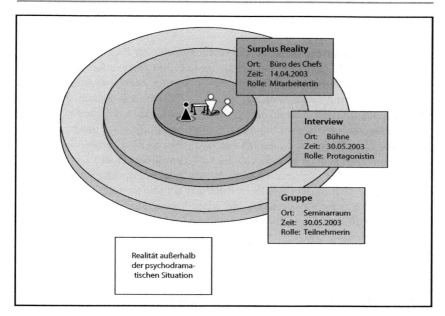

Abb. 3.1 Handlungsebenen des psychodramatischen Prozesses

rangements (Kap. 4) und Techniken (Kap. 5) zum Einsatz bringt. In bestimmten Situationen können Leitung und Protagonist/in in die Spiegelposition (vgl. Abb. 3.1, zur Spiegeltechnik Abschn. 5.5) am Bühnenrand wechseln, um das Geschehen aus der Distanz zu betrachten.

Am Ende der Aktionsphase werden die Hilfs-Iche aus ihren Rollen entlassen, das Bühnenbild abgebaut und die Bühne geschlossen, alle Beteiligten müssen von der surplus reality des Spiels wieder zurückkehren in die Alltagsrealität. Dies ist für die Hilfs-Iche unter Umständen nicht so einfach, insbesondere bei besonders intensiven Rollen und wenn die Rolle bei ihnen ein lebensgeschichtlich bedeutsames Thema angesprochen hat.

Im themenzentrierten- oder gruppenzentrierten Spiel bzw. im *Soziodrama* steht nicht ein einzelner Fallgeber, sondern die gesamte Gruppe im Mittelpunkt der Arbeit. Hier kann z. B. die Dynamik eines sozialen Systems wie z. B. einer Schule bei einer Schulprogrammentwicklung simuliert werden, indem die Teilnehmenden die für dieses System relevanten Rollen (etwa Schulleitung, mehr oder weniger veränderungsfreudige Teile des Kollegiums, Eltern, Schüler, andere Schulen in der Region etc.) übernehmen und in der freien Interaktion ausfüllen (Ausführlicheres zum Soziodrama in Ameln und Kramer 2014a, S. 81 ff. oder Wiener 2001).

3.3   Integrationsphase

In der Integrationsphase teilen die Gruppenmitglieder der Protagonistin mit, welche der von ihr dargestellten Aspekte sie aus eigenem Erleben kennen (sog. *Sharing*). Auf diese Weise soll die Bereitschaft der Protagonistin gewürdigt werden, sich der Gruppe mit ihrem Thema zu offenbaren und sie soll erleben, dass sie mit ihren Schwierigkeiten nicht allein ist. Darüber hinaus kann das Sharing auch mit einem Erkenntnisgewinn für die nicht am Spiel beteiligten Personen verbunden sein. Sharing sollte immer in der Ich-Form gegeben werden, weder wertend noch deutend sein und keine Ratschläge an die Protagonistin enthalten.

Im *Rollenfeedback* geben die Mitspieler/innen der Protagonistin eine Rückmeldung, wie sie sich in der jeweiligen Rolle gefühlt und wie sie aus dieser Rolle heraus das Verhalten der Protagonistin erlebt haben. Auf diese Weise dient das Rollenfeedback dem Abgleich von Selbst- und Fremdbild. Nähere Hinweise zum Einsatz von Sharing und Rollenfeedback finden sich in Ameln und Kramer (2014a, S. 145 ff.).

3.4   Auswertungs- und Vertiefungsphase

Die an das Spiel anschließende Prozessanalyse ist ein fester Bestandteil des Vorgehens im Psychodrama, wenngleich sie in der Praxis vielfach ausgelassen wird. Ausgehend von der Überzeugung, dass die Psychodrama-Arbeit und die Erkenntnisse, die die Beteiligten daraus für sich gewonnen haben, eine Co-Konstruktion von Leitung, Protagonist/in und Gruppe ist (vgl. Abschn. 2.4), wird in der Prozessanalyse der Spielverlauf gemeinsam reflektiert. Die Leiterin erläutert ihre das Spiel leitenden Grundannahmen und die daraus resultierenden methodischen Entscheidungen. So öffnen sich alternative Deutungsmöglichkeiten für die von der Protagonistin bzw. dem Protagonisten eingebrachten Themen. In das Spiel einfließende soziale Normen (z. B. im Hinblick auf eine mögliche Reproduktion gesellschaftlicher Rollenstereotype) und der Einfluss der Gruppendynamik auf den Spielverlauf können aufgedeckt werden. So dient die Prozessanalyse dazu, das Spiel für die Gruppe transparent zu machen, zu »entmystifizieren«, zu dekonstruieren und alternative Deutungsmöglichkeiten zu eröffnen.

Gerade in Formaten, in denen mit der psychodramatischen Arbeit ein Lernziel verbunden ist (wie z. B. in schulischen Kontexten, in der politischen Bildung oder in der Personalentwicklung) werden die im Psychodrama gewonnenen Erkenntnisse mithilfe anderer Methoden vertieft und in den Gesamtkontext der Veranstaltung eingebettet.

Psychodramatische Arrangements

4

Das Grundprinzip des Psychodramas besteht, wie in Kap. 1 gezeigt, in der Transformation der subjektiven Wirklichkeit einer Klientin bzw. eines Klienten in eine szenische Darstellung. Den Rahmen für diese szenische Umsetzung bezeichnet man mit Buer (1999b) als *Arrangement*. Innerhalb dieser Arrangements können unterschiedliche *Handlungstechniken* zur Anwendung kommen, um den Prozess zu steuern und die Selbstreflexion der Klient/innen zu vertiefen. Sie werden in Kap. 5 beschrieben.

Psychodrama wird vielfach mit dem szenischen Spiel von Episoden aus der Vergangenheit des Protagonisten bzw. der Protagonistin gleichgesetzt. Neben diesem am häufigsten eingesetzten Arrangement gibt es aber noch eine Vielzahl weiterer Möglichkeiten psychodramatischer Arbeit, die in Ameln und Kramer (2014a, S. 25 ff.) ausführlicher dargestellt sind.

4.1 Zukunftsprojektion

Von Zukunftsprojektion spricht man, wenn der Klient auf der Psychodrama-Bühne eine in der Zukunft liegende Szene spielt, etwa um sich mit Zukunftsängsten auseinanderzusetzen oder um zuvor erarbeitete Verhaltensstrategien zu erproben (sog. Realitätsprobe). Des Weiteren kann die Zukunftsprojektion nutzbringend zum Einsatz gebracht werden, wenn der Klient einer Entscheidungssituation gegenüber ambivalent ist. Kann er sich beispielsweise nicht entscheiden, ob er ein Konfliktgespräch mit einer Kollegin führen will oder nicht, können beide Varianten in der psychodramatischen surplus reality erprobt werden. So können verschiedene Aus-

© Springer-Verlag Berlin Heidelberg 2015
F. von Ameln, †J. Kramer, *Einführung in das Psychodrama*, essentials,
DOI 10.1007/978-3-662-45626-2_4

gänge der Entscheidungssituation simuliert werden, um die in der Zukunft liegenden und momentan noch nicht greifbaren Auswirkungen für den Klienten erfahrbar zu machen.

4.2   Rollentraining

Das Rollentraining nutzt das Konzept des Modelllernens. Das Ziel dieses Arrangements besteht darin, ein für die Protagonistin neues und noch nicht souverän umzusetzendes Rollenverhalten einzuüben. In einer häufig eingesetzten Variante übernimmt zunächst ein Mitspieler aus der Gruppe die Rolle der Protagonistin und demonstriert im Rollenspiel, wie er in der betreffenden Situation handeln würde. Anschließend kann sich die Protagonistin, die die Szene aus der Spiegelposition (vgl. Abschn. 5.5) beobachtet hat, zu diesem Vorschlag äußern und zurück in ihre Rolle gehen, um das alternative Verhalten selbst zu erproben.

4.3   Leerer Stuhl

Die Arbeit mit dem leeren Stuhl ist vor allem aus der Gestalttherapie bekannt, stammt aber ursprünglich aus dem Psychodrama. Während im Gruppensetting Hilfs-Ich-Rollen meistens durch Mitspieler/innen übernommen werden, können sie im Einzelsetting durch leere Stühle markiert werden. So können etwa in einer therapeutischen Sitzung zwei leere Stühle für Mutter und Vater der Klientin stehen; die Klientin kann dann zwischen den verschiedenen Rollen wechseln, indem sie sich auf den jeweiligen Stuhl setzt. Darüber hinaus kann der leere Stuhl bei Rollen zum Einsatz kommen,

- die für die Klientin zu angstbesetzt erscheinen oder
- die für mögliche Mitspieler/innen zu schwierig (bspw. schambesetzt) sind

als dass sie von einer realen Person übernommen werden könnten.

4.4   Arbeit mit inneren Anteilen

Moreno sah, wie in Abschn. 2.1 dargestellt, das Selbst als Summe lebensgeschichtlich erworbener Rollen, die teils psychische Repräsentanzen, teils individuelle Ausformungen sozialer Rollen darstellen, stets aber mit im leiblichen Erleben wurzeln. Wenn Moreno somit das Selbst nicht als einheitliche, monolithische Struktur konzipiert, sondern als pluralistisches Gebilde, steht diese Annahme in Einklang mit der modernen Selbst(konzept)forschung, die die „multiplicity of identity" (Markus und Wurf) betont. Friedemann Schulz von Thun (1998) fasst einige Ideen der von William James über Charles Cooley und Sigmund Freud bis hin zu Kenneth Gergen entwickelten Ansätze in seinem Modell des „Inneren Teams" zusammen, nach dem man sich das Selbst als Team mit unterschiedlichen Teammitgliedern vorstellen kann. Diese Teammitglieder melden sich in verschiedenen Situationen mal laut, mal leise, mal früh, mal spät zu Wort. In Beratung, Coaching und Therapie geht es oft um Situationen, in denen die Klient/innen einen Widerstreit zwischen verschiedenen inneren Anteilen erleben. Im Psychodrama können diese inneren Anteile externalisiert werden, beispielweise indem man sie mit einem Symbol oder auch einem Gruppenmitglied besetzt. Diese Arbeit mit inneren Anteilen ist ein prototypisches Beispiel für die Nutzung von surplus reality: Wenn sich etwa in einem Ehekonflikt „innere Stimmen" wie Wut, Angst vor dem Alleinsein und eine Lebensbotschaft der Mutter („deine Bedürfnisse sind nicht so wichtig") melden, können diese – durch Hilfs-Iche verkörpert – in die auf der Psychodrama-Bühne aufgebaute Szene mit dem Ehepartner eingebaut werden. Auf diese Weise wird die gegenseitige Bedingtheit von innerem und äußerem Konflikt für die Klientin bzw. den Klienten deutlich spürbar, beobachtbar und reflektierbar.

4.5 Psychodramatische Aufstellungen

Aufstellungsarbeit wird heute in der Regel als Methode der systemischen Therapie und Beratung wahrgenomen. Wie viele andere handlungsorientierte und erlebnisaktivierende Methoden stand jedoch auch hier das Psychodrama am Anfang der Entwicklung. Virigina Satir war durch persönliche Besuche an Morenos Institut mit dessen Arbeit vertraut. Sie nutzte den aus dem Psychodrama stammenden Grundgedanken der Sichtbarmachung unsichtbarer Dynamiken für die Entwicklung der Aufstellungsmethodik, die später in einen systemischen Begründungszusammenhang gestellt wurde (zu den psychodramatischen Wurzeln der Aufstellungsmethodik vgl. Ameln und Lames 2007).

Nach der Exploration, in der Phase der Stellungsarbeit, sucht der Thementräger Mitspielende für die darzustellenden Elemente (Personen, aber auch Gruppen, abstrakte Elemente wie Ziele usw.) aus und positioniert sie so im Raum, wie es seinem Erleben entspricht. Bis hierhin ist die psychodramatische Form der Aufstellungsarbeit mit den systemischen Varianten dieser Technik identisch. Während die Stellvertreter jedoch in der systemischen Aufstellungsarbeit keine näheren Informationen zu den von ihnen vertretenen Personen erhalten, werden die aufgestellten

Personen (Gruppen, ...) im Psychodrama im Rollentausch exploriert. Ggf. kann der Thementräger zusätzlich Kernsätze formulieren, die die Beziehung zwischen den Beteiligten oder Handlungsaufforderungen an ihn selbst (z. B. „Bleib wo du bist") prägnant zusammenfassen.

Sobald alle relevanten Rollen aufgestellt und im Rollentausch exploriert sind (und nicht erst, wie in anderen Varianten, zum Schluss der Aufstellung), nimmt der Thementräger seine Rolle ein. Die Leiterin befragt ihn, wie er die dargestellte Konstellation aus seiner Position heraus wahrnimmt und welches persönliche Empfinden damit verbunden ist. Sie erfragt die aus der Sicht des Thementrägers wichtigsten Konfliktfelder und Veränderungsbedarfe, um auf dieser Basis passende Interventionen wie Rollentausch, Doppel, Spiegel oder Zwischenfeedback zu setzen. Diese Erweiterung der Aufstellung mit psychodramatischen Handlungstechniken stellt die wichtigste Besonderheit der psychodramatischen gegenüber der systemischen Aufstellungskonzeption dar.

In der Phase der Prozessarbeit wird die Aufstellung so lange verändert, bis ein spannungsfreieres Lösungsbild erreicht ist. Die Aufstellung wird dabei zum Möglichkeitsraum, in dem mögliche Zielzustände und Verbesserungen probehandelnd ausgelotet werden können. Dafür können die Stellvertreter den Ort wechseln (z. B. näher an den Fallgeber heranrücken), die Blickrichtung oder einen ihrer Kernsätze verändern. Vorschläge für derartige Veränderungen können vom Protagonisten, vom Leiter oder von den Stellvertretern ausgehen. Ebenso wie im systemischen Vorgehen nutzt die psychodramatische Aufstellungsarbeit die Einfühlung der Stellvertreter für die Entwicklung von Lösungen. Sie werden dazu befragt, welche Wahrnehmungen, Emotionen und Impulse auf ihren Positionen entstehen und wie sich die aufgestellte Konstellation aus ihrer Sicht verändern müsste, um negative Spannungen zu reduzieren. Praxiskonzepte für eine psychodramatische Aufstellungsarbeit finden sich in Ameln und Kramer (2014a, S. 32 ff.) sowie bei Buer (2005).

4.6 Playbackspiel

Beim Playbackspiel (nicht zu verwechseln mit dem Playbacktheater nach Fox) spielt die Gruppe eine Sequenz aus dem Leben des Protagonisten nach dessen Vorgaben, während dieser gemeinsam mit der Leitung in der Spiegelposition (zur Spiegeltechnik vgl. Abschn. 5.5) am Bühnenrand steht bzw. sitzt und sich das Geschehen von außen anschaut. Von dort aus führt er „Regie" und korrigiert die Darstellung der Mitspieler, falls sie für sein Empfinden nicht stimmig ist. Seine Rolle wird in der Szene von einem Stellvertreter („Stand-In") gespielt. Das Playbackspiel ist vor allem angezeigt, wenn eine emotionale Distanzierung des Protagonisten angestrebt ist.

4.7 Spontaneitätstest

Dieses Arrangement soll – wie der Name sagt – testen, inwieweit eine Person über Spontaneität (vgl. zu diesem Konzept Abschn. 2.3) verfügt, um auf eine neuartige Situation reagieren zu können. Gleichzeitig dient sie dem Training spontanen Verhaltens. Der Spontaneitätstest wird vorbereitet, indem die Gruppe ein Szenario entwickelt, das für die „Testperson" eine (bewältigbare) Herausforderung darstellt. Diese Situation wird dann auf der Psychodrama-Bühne in Szene gesetzt und die zu testende Person muss spontan reagieren. Der Spontaneitätstest kann z. B. in einem Seminar zum Thema „Schwierige Gespräche" genutzt werden, um die Souveränität der Teilnehmenden in zuvor besprochenen Gesprächssituationen unter realitätsnahen Bedingungen zu erproben.

Psychodramatische Techniken

5

In der Psychodrama-Praxis kommt eine Vielzahl von Techniken zum Einsatz – wenn Moreno (1959) von 351 Psychodrama-Techniken spricht, bedeutet dies aber nicht, dass eine Leiterin bzw. ein Leiter tatsächlich eine so große Anzahl verschiedener Techniken beherrschen müsste. Die Kunst der Psychodrama-Leitung besteht vielmehr darin, im kreativen Gestaltungsraum der surplus reality eine Umsetzung für das Thema des Protagonisten zu finden, dass dessen subjektiver Wirklichkeit möglichst genau entspricht und Optionen für eine gemeinsame Neuinterpretation dieser Wirklichkeit bietet. Dabei kann die Leiterin neue Arrangements und Techniken „erfinden", in der Regel wird sie aber den weitaus größten Teil der Bühne mit dem in diesem Buch beschriebenen methodischen Standardrepertoire des Psychodramas gestalten.

Wenn gemäß dem Prinzip der surplus reality (vgl. Abschn. 2.4) das Geschehen auf der Psychodrama-Bühne ein Abbild der Innenwelt des Protagonisten ist, dienen die Psychodrama-Techniken wie Rollentausch, Spiegel oder Doppeln dazu, diese innere Welt zu erweitern und umzugestalten. Sie greifen, so die These von Moreno und seinen Schüler/innen wie Leutz (1974) und Krüger (1997), die natürlichen Funktionen der psychischen Prozessarbeit nachzubilden und zu unterstützen. Sie sind gewissermaßen die Werkzeuge in der mentalen Werkstatt des Psychodramas.

© Springer-Verlag Berlin Heidelberg 2015
F. von Ameln, †J. Kramer, *Einführung in das Psychodrama*, essentials,
DOI 10.1007/978-3-662-45626-2_5

5.1   Das psychodramatische Interview

Das psychodramatische Interview dient zu Beginn der Aktionsphase zur Exploration des Themas und zur weiteren Erwärmung der Protagonistin. Im Verlauf und zum Abschluss des Spiels kann diese Technik eingesetzt werden, um den Prozess zu reflektieren. Gegenüber anderen Handlungstechniken zeichnet sich das psychodramatische Interview dadurch aus, dass es die Protagonistin nicht in der surplus reality, sondern auf der Interviewebene (siehe Abb. 3.1) anspricht.

5.2   Verbalisierungstechniken

Die verschiedenen in der Literatur beschriebenen Verbalisierungstechniken wie Monolog, Selbstgespräch, therapeutisches Selbstgespräch, Zur-Seite-Sprechen usw. folgen alle demselben Grundprinzip: Die Protagonistin spricht auf Aufforderung des Leiters Gedanken oder Gefühle aus, die sie in der realen Situation hatte oder nicht geäußert hat.

5.3   Rollentausch/Rollenwechsel

Der Rollentausch bzw. Rollenwechsel ist *die* zentrale Technik des Psychodramas. Er ist für die Methodik und das Selbstverständnis des Verfahrens so wichtig, dass einige Autor/innen das Psychodrama über die Anwendung des Rollentauschs definieren.

Beim *Rollenwechsel* übernimmt der Protagonist eine Rolle, wobei es sich um die Rolle eines Interaktionspartners, aber auch um innere Anteile, verschiedene durch den leeren Stuhl dargestellte Entscheidungsoptionen usw. handeln kann. Beim *Rollentausch* wechselt das Hilfs-Ich, das die betreffende Rolle verkörpert, zusätzlich in die Rolle des Protagonisten.

Für den Einsatz des Rollentauschs gibt es rein technisch bedingte Indikationen – wenn beispielsweise die Protagonistin ihrem Gegenüber in einem nachgestellten Dialog eine Frage stellt, kann das Hilfs-Ich, das die Rolle dieses Gegenübers spielt, die Antwort nicht wissen. In diesem Fall gibt die Protagonistin ihren Mitspieler/innen im Rollentausch das Skript für die von ihnen zu verkörpernde Rolle. Ein Beispiel aus einem Kommunikationsseminar für Ärzte:

Ärztin zu ihrem Patienten: „Meine Helferinnen haben mir gesagt, Sie hätten sich über die lange Wartezeit beklagt?"
Rollentausch: Die Ärztin übernimmt die Patientenrolle, während das Gruppenmitglied, das den Patienten spielt (= Hilfs-Ich), in die Rolle der Ärztin geht.
Hilfs-Ich (in der Rolle der Ärztin, wiederholt das zuvor Gesagte): „Meine Helferinnen haben mir gesagt, Sie hätten sich über die lange Wartezeit beklagt?"
Patient (gespielt von der Ärztin): „Ja, hier muss man ja ewig warten. Und es sind schon mindestens fünf andere Patienten vor mir drangekommen."
Rollentausch zurück, das Hilfs-Ich wiederholt als Patient den Satz, den es im Rollentausch von der Ärztin vorgegeben bekommen hat.
Ärztin: „Ich kann gut verstehen, dass es für Sie unschön ist, so lange zu warten. Da wäre ich an Ihrer Stelle auch sauer. Auf der anderen Seite bitte ich Sie aber zu verstehen…"
Erneuter Rollentausch usw.

Die Hilfs-Iche können, eigenen Impulsen folgend, von diesen Rollenvorgaben abweichen oder sie erweitern. Diese eigenen Impulse können aus der Einfühlung des Hilfs-Ichs für seine Rolle entstehen und dem Spiel neue Impulse geben. In anderen Fällen können solche Impulse von der Protagonistin aber auch als verfälschend erlebt werden, wenn sie aus Motiven des Hilfs-Ichs erwachsen, die z. B. mit seinen eigenen Überzeugungen, aber nichts mit der Darstellung der Protagonistin zu tun haben. Daher muss der Leiter bzw. die Leiterin Abweichungen von den Rollenvorgaben immer auf ihre Stimmigkeit für die Protagonistin überprüfen.

Neben der Funktion, die Szene gemäß des „Drehbuchs" der Protagonistin zu entwickeln, hat der Rollentausch aber auch eine Reihe wichtiger therapeutischer Funktionen. So soll er die Empathie der Protagonistin für ihre Interaktionspartner/innen fördern (A soll erleben, wie man sich in der Rolle des B fühlt), der Protagonistin ein Feedback über ihr eigenes Verhalten geben (A soll erleben, wie ihr Verhalten aus der Rolle des B wirkt) und Abwehrhaltungen der Protagonistin durch einen Perspektivenwechsel auflockern. In pädagogischen Kontexten, z. B. in der schulischen oder politischen Bildung, können die Schüler/innen bzw. Teilnehmenden eine im Kontext des behandelten Themas relevante Rolle einnehmen, um etwas über diese Rolle und ihre Dynamik zu lernen. Hierfür ist das Soziodrama ein gutes Beispiel: Dabei wird z. B. das Verhältnis von Politik und Zivilgesellschaft exploriert, indem die Gruppe die Rollen von Anwohnern am Standort eines geplanten Atommüllagers, Betreibern, Politik, Medien etc. einnimmt und in freier Interaktion ausspielt. Während des Spiels können dann die Rollen getauscht werden (sog. kollektiver Rollentausch, d. h. die Spieler/innen, die bislang die Rolle der Anwohner innehatten, wechseln nun in die Rolle der Politiker, die Gruppe, die zuvor die Politiker verkörpert hat, spielt nun die Medienvertreter usw.), um allen

Gruppenmitgliedern Einblicke in die unterschiedlichen Perspektiven der Thematik zu ermöglichen.
   Krotz (1992, S. 310 f.) zeigt in seinem wichtigen Beitrag, dass der ständige imaginäre Rollentausch mit dem Gegenüber eine wichtige Grundlage jedes Interaktionsprozesses darstellt:

> Weil jeder der Beteiligten dabei auf die Deutungsleistungen und Interpretationen des anderen Bezug nehmen muß, ist für Interaktion eine kontinuierliche wechselseitige Perspektivenverschränkung notwendig, die psychodramatisch als ständig durchzuführender imaginativer Rollentausch begreifbar ist. Die beteiligten Interaktionspartner müssen sich immer wieder in den oder die anderen hineinversetzen und in deren Perspektive die Situation, die Sachverhalte und auch sich selbst zu betrachten und zu rekonstruieren versuchen, und sie müssen immer wieder zu sich selbst zurückkehren, um ihr Handeln auf das der oder der anderen zu beziehen: um zu verstehen, was der andere meint, um zu verstehen, wie die eigenen Aktivitäten ankommen bzw. wie sie anzulegen sind, und um zu überprüfen, ob sie in ihrem am anderen orientierten Handeln noch selbst angemessen vorkommen.

Die Zeitschrift für Psychodrama und Soziometrie befasst sich in ihrem Themenheft „Rollenwechsel/Rollentausch" (2003) eingehend mit der Technik und ihren Anwendungsmöglichkeiten.

5.4 Doppel

Bei der klassischen Form der Doppeltechnik tritt ein Gruppenmitglied oder die Leitung neben den Protagonisten und spricht aus dessen Rolle heraus Gedanken und Gefühle aus, die er bei diesem wahrnimmt, die dieser aber nicht äußert (beispielsweise „Ich fühle mich als Mutter in dieser Situation total überfordert und von meinem Mann alleingelassen"). Dieses *einfühlende Doppel* dient dazu, dem Protagonisten ein Gefühl des Verstanden- und Angenommenseins zu vermitteln, andererseits soll es dem Protagonisten helfen, seine eigene Gefühlwelt besser wahrzunehmen und zu verstehen.
   Diese letztere Funktion steht auch beim *explorierenden Doppeln* im Vordergrund. Bei dieser Variante spricht die doppelnde Person aus der Rolle der Protagonistin einen unvollständigen Satz wie beispielsweise „Ich reagiere hier so, weil…" oder „Ich fühle mich gerade…" aus, um die Protagonistin damit zur Selbstexploration anzuregen. Das explorierende Doppeln kann auch für den Leiter eine Möglichkeit sein, Einblick in die unausgesprochenen Gedanken und Gefühle der Protagonistin zu gewinnen.

Beim *Doppeln von Selbstbeobachtungen* lenkt ein Gruppenmitglied oder der Leiter die Aufmerksamkeit der Protagonistin auf auffällige emotionale Reaktionen, Gesten und Körperhaltungen, die diese selbst nicht zu bemerken scheint („Ich merke, wie ich immer angespannter werde" oder „Ich wirke äußerlich ganz ruhig, aber in Wirklichkeit zittern mir die Knie").

Beim *hinterfragenden Doppel* wird eine zuvor von der Protagonistin getroffene Aussage in Form eines Doppels hinterfragt, um diese zum Überdenken ihrer Aussage anzuregen oder herauszuarbeiten, was ungesagt blieb: „Ich habe gerade gesagt, ich sei mit dem Vorschlag einverstanden – aber bin ich wirklich einverstanden?"

Beim *deutenden Doppel* enthält das Doppel eine Interpretation des Verhaltens der Protagonistin: „Ich reagiere hier so, weil mich das Verhalten meines Chefs an die herrische Art meines Mannes erinnert."

Wenn der Protagonist in einem inneren Widerstreit befangen erscheint (z. B. im Zusammenhang mit der Entscheidung, ein Studium weiterzuführen oder abzubrechen) und seine Gefühls- und Gedankenwelt nicht klar wahrzunehmen scheint, können die unterschiedlichen inneren Anteile jeweils mit einem Doppel herausgearbeitet werden. Bei diesem *Ambivalenzdoppel* würde dann ein Doppel („Einerseits...") die eine, ein anderes Doppel („Andererseits...") die andere Seite in dem inneren Konflikt des Protagonisten herausarbeiten.

Wie in den Beispielen deutlich wurde, kann die Doppeltechnik eine wertvolle Reflexionsunterstützung für den Protagonisten darstellen, aber auch eine suggestive oder gar manipulative Wirkung entfalten. Daher muss jedes Doppel mit einer Überprüfungsfrage abschließen. Die Leiterin muss sich bewusst sein, dass die Psychodrama-Arbeit ein Prozess der Co-Konstruktion von Wirklichkeit im Sinne unserer Überlegungen in Abschnitt 2.4 ist, in dem ihr eine erhebliche Deutungsmacht zukommt. Doch auch wenn Doppel aus der Gruppe angeboten werden, muss sie entscheiden, an welcher Stelle und in welchem Maße sie solche Doppelangebote zulässt und wie sie sicherstellt, dass sie den Charakter von Angeboten behalten.

Weitere Hinweise zur theoretischen Fundierung und zur praktischen Anwendung der Doppeltechnik finden sich im Themenheft „Doppeln" der Zeitschrift für Psychodrama und Soziometrie (2013a).

5.5 Spiegel

Die Spiegeltechnik kann zum Einsatz gebracht werden, wenn die Protagonistin offensichtlich in starren, eingefahrenen oder sonst wie unangemessenen Verhaltensmustern gefangen ist, dies aber selbst nicht zu bemerken scheint. Der psychodramatische Spiegel eignet sich gut für die Bearbeitung von „Widerständen".

Dafür bittet die Leitung die Protagonistin an den Bühnenrand. Die Szene wird noch einmal durchgespielt, wobei die Protagonistin durch einen Stellvertreter

(„Stand-In") ersetzt wird. Diese distanziertere Position erleichtert es der Protagonistin, Erkenntnisse zu gewinnen, die in der Szene selbst durch den „blinden
Fleck" ihrer Beobachtung verborgen geblieben wären.
Der Leiter kann die Protagonistin während oder nach der Szene befragen und sie
bitten, die Szene zu kommentieren. Der psychodramatische Spiegel erfüllt damit
eine ähnliche Funktion wie ein Videofeedback. Das Psychodrama geht aber über
die Möglichkeiten des Videofeedbacks hinaus, da die Spieler/innen die Dynamik
der Szene zu Zwecken der Verdeutlichung zuspitzen und überzeichnen können.

5.6 Weitere Techniken

Mit der *Zeitraffertechnik* kann der Leiter in der auf der Psychodrama-Bühne insze-
nierten Geschichte „vorspulen", um Passagen zu überspringen, die er für weniger
wichtig hält. In gleicher Weise kann die *Zeitlupentechnik* helfen, Situationen, in
denen sich die Ereignisse überstürzen, so zu verlangsamen, dass sie leichter reflektierbar werden. Darüber hinaus kann der Leiter die Szene *einfrieren*, um den Protagonisten zu seinen Gedanken über den bisherigen Ablauf der Szene zu befragen.
Mit der *Maximierungstechnik* werden diejenigen Momente eines Psychodrama-
Spiels, die die emotionale Dynamik des Spiels tragen, bewusst und zielgerichtet
übersteigert. Eigentlich handelt es sich weniger um eine definierte Technik als um
ein Prinzip, das in verschiedenen Gestaltungsmöglichkeiten umgesetzt werden
kann. Beispielsweise kann die erlebte Übermacht des Vaters maximiert werden,
indem das Hilfs-Ich, das den Vater spielt, auf einen Stuhl steigt und von dort aus
agiert.
Das *Zwischenfeedback* ist ein vorgezogenes Rollenfeedback der Hilfs-Iche, um
das die Leitung bittet, wenn sie sich von diesem Feedback Impulse erhofft, die im
laufenden Spiel noch umgesetzt werden können. Dazu wird der Spielablauf kurz
unterbrochen und die Hilfs-Iche werden gebeten, dem Protagonisten eine Rückmeldung zu geben, wie sie sich in ihren Rollen fühlen und wie sie das Verhalten
des Protagonisten erleben. Im Anschluss an diese kurze Rückmeldung läuft das
Spiel weiter, wobei der Protagonist seine Erkenntnisse aus dem Rollenfeedback in
Form veränderten Verhaltens umsetzen kann.
Bei Szenen, die für den Protagonisten schambesetzt, mit Schuldgefühlen verbunden oder in anderer Weise emotional exponiert sind, ist ein *Zwischensharing*
empfehlenswert. Es erfüllt die gleiche Entlastungfunktion wie das in Abschn. 3.3
beschriebene Sharing.
Weitere Techniken sind in Ameln und Kramer (2014a) sowie im Anhang des
Buches von Anne Schützenberger-Ancelin (1979) beschrieben.

Anwendungsfelder

6

Die Anwendungsmöglichkeiten des Psychodramas sind sehr breit gefächert und reichen von der Einzel- und Paartherapie über soziale Arbeit, Schul- und Erwachsenenbildung, Organisationsentwicklung, Supervision und Coaching bis hin zu Markt- und Sozialforschung oder Exerzitienarbeit. Einen Überblick mit ausführlichen Beiträgen zu diesen und weiteren Arbeitsfeldern gibt Ameln und Kramer (2014b).

Das Psychodrama ist als psychotherapeutisches Verfahren bekannt und etabliert. Während das Psychodrama in Österreich seit vielen Jahren als eigenständiges und wissenschaftlich fundiertes Psychotherapieverfahren anerkannt ist, lässt das deutsche Psychotherapiegesetz das Psychodrama – ähnlich wie viele andere humanistische und systemische Verfahren – nicht als alleinige Behandlungsmethode zu (in der Schweiz ist die Lage aufgrund unterschiedlicher kantonaler Regelungen uneinheitlich, vgl. Burmeister 2014). Nichtsdestoweniger setzen viele Psychotherapeut/innen psychodramatische Methoden als zusätzliche Behandlungskomponenten ein. In Kliniken – gerade im Suchtbereich – ist das Psychodrama dagegen fest verankert.

Als *psychotherapeutisches Verfahren* zeichnet sich das Psychodrama durch einen sehr ganzheitlichen Ansatz aus. Schon Moreno, der Begründer des Psychodramas, war davon überzeugt, dass sich der Mensch grundsätzlich durch Gestaltungswillen (Moreno sprach von „Aktionshunger"), schöpferisches Potenzial, Kreativität und enge Verbundenheit mit seiner sozialen Umwelt auszeichnet. Das Psychodrama weist somit pathologisierende Menschenbilder zurück und vertritt eine Gesundheits- statt einer Krankheitslehre. In dieser Hinsicht weist das Psychodrama eine enge Verbindung zu anderen humanistischen Verfahren auf.

© Springer-Verlag Berlin Heidelberg 2015
F. von Ameln, †J. Kramer, *Einführung in das Psychodrama,* essentials,
DOI 10.1007/978-3-662-45626-2_6

Wie die recht umfangreiche Literatur zu psychotherapeutischen Anwendungen des Psychodramas (Bender und Stadler 2011; Burmeister 2014; Fürst et al. 2004; Krüger 1997; Schacht 2009 u.v.m.) zeigt, ist das Psychodrama bei zahlreichen Indikationen einsetzbar, z. B. bei Abhängigkeits- und Suchterkrankungen, Depression, Angststörungen sowie psychosomatischen Erkrankungen. Verbesserungen des Symptombildes bei vielen Erkrankungen wurden empirisch nachgewiesen, wobei die methodische Güte der betreffenden Studien (ähnlich wie bei vielen „kleineren" Verfahren) nicht immer befriedigend ist. Eine von Wieser zusammengestellte, nach den Kategorien der ICD-10 gegliederte Übersicht über Studien zur Psychodrama-Therapie findet sich im Internet unter http://www.isi-hamburg.org/download/0_ Symposium_2011_Wieser_studies_110227.PPT (22.10.2013).

Für die Anwendung in der *Therapie von Kindern und Jugendlichen* haben Aichinger (2011, 2012; Aichinger und Holl 2010) und Pruckner (2001) viel beachtete, aber recht unterschiedliche Konzeptionen vorgelegt. In Aichingers Vorgehen gehen deutliche psychoanalytische Einflüsse ein. Nachdem ein für die Kinder relevantes Thema gefunden ist, entwickelt er mit ihnen Symbolspiele zu diesem Thema (z. B. Urwaldspiele mit wilden Tieren, Indianern usw.), in denen er selbst Rollen übernimmt und aus dieser Rolle heraus Interventionen setzt. Pruckner arbeitet dagegen mit einer enger umgrenzten psychodramatischen Konzeption, die die Gestaltung der „Begegnungsbühne" in den Vordergrund stellt.

Wie in Abschn. 1.1 deutlich geworden ist, verfolgte Moreno schon früh einen sozialarbeiterischen Ansatz. Das Psychodrama mit seinen sehr praxis- und erlebensnahen Anteilen eignet sich dafür sehr gut für die Anwendung in der *Sozialarbeit*. Gerade die Möglichkeiten des Psychodramas zur Förderung von Perspektivenübernahme und Kreativität, so Schwinger (2014a), sind in der Sozialarbeit von besonderer Bedeutung. Schwinger beschreibt in seinem Beitrag u. a. den Einsatz des Psychodramas in der klinischen Sozialarbeit, in der Arbeit mit alten Menschen und Gewaltopfern, in der Familienberatung und im Strafvollzug. Neben diesem Übersichtsartikel sind Anwendungsmöglichkeiten des Psychodramas in der Sozialarbeit u. a. bei Schwinger (2014b) und bei Stimmer (2000) beschrieben.

Moreno hat als Mitbegründer der Aktionsforschung die *Organisationsentwicklung* wesentlich inspiriert und selbst in der Organisationsentwicklung gearbeitet. In den letzten Jahrzehnten haben sich die Potenziale des Psychodramas in HR-Abteilungen herumgesprochen, so dass das Verfahren heute vielfach in Organisationskontexten zur Anwendung kommt. Ein klassisches Anwendungsfeld ist die Simulation von Praxissituationen in Seminaren für Fach- und Führungskräfte, beispielsweise zu Themen wie schwierige Gespräche, Konflikt oder Führung. Psychodramatische Methoden wie die Aktionssoziometrie, psychodramatische Aufstellungen oder das Soziodrama können jedoch auch in Workshops und Beratungssituationen dazu beitragen, eine schnelle Klärung herbeizuführen und komplexe Organisationsdynamiken abzubilden. Praxisnahe Anregungen finden sich u. a. bei Ameln (2006), Ameln und Kramer (2014c) oder Wangen (2013).

In der *Supervision* ist der methodische Anknüpfungspunkt eher die soziometrische Aktionsforschung als das protagonistenzentrierte Psychodrama, wenngleich sich gerade in der Fallsupervision protagonistenzentrierte Arrangements gut nutzen lassen. Vor allem Buer hat in verschiedenen Arbeiten (z. B. 2004, 2005, 2014) eine systematische Fundierung für den Einsatz des Psychodramas in der Supervision geleistet. Buer beleuchtet dabei vor allem die gesellschaftspolitische Dimension der Supervision vor dem Hintergrund der heutigen Arbeitswelt. Auf dieser Basis entwickelt er eine pragmatische Fundierung der Psychodrama-Arbeit in der Supervision und ihrer ethischen Implikationen.

Wie oben schon verschiedentlich angesprochen, ist das Psychodrama für das Einzelsetting ebenso gut geeignet wie für die Arbeit in der Gruppe. Entsprechend kann Psychodrama auch im *Einzelcoaching* eingesetzt werden (Ameln und Kramer 2014d; Migge 2014). Die Möglichkeiten einer vom Szenischen ausgehenden Diagnostik (Ameln 2014) eignet sich in besonderer Weise, um der hohen Komplexität der Führungspraxis adäquat gerecht werden zu können: So können von den Klient/innen eingebrachte Dilemmasituationen auf rollenbezogene Fragestellungen (z. B. unklare oder konfligierende Rollenerwartungen), auf den Zusammenhang zwischen beruflichen Rollen und Privatperson, auf die Wirkung organisationaler Dynamiken etc. hin befragt werden. Auch die von Moreno entwickelten soziometrischen Instrumente wie das Rollen-Atom sind im Coaching sehr hilfreich.

In der *Schule* lässt sich das Psychodrama einerseits als didaktisches Hilfsmittel zur Vermittlung von Lerninhalten einsetzen. Der Fremdsprachenunterricht, die Nutzung von Aktionssoziometrie im Geschichtsunterricht oder soziodramatische Arbeit bei der Inszenierung politischer Dynamiken sind hier nur einige von zahlreichen Möglichkeiten. Ein weiteres Anwendungsfeld sind außerunterrichtliche Angebote zur Förderung sozialer Kompetenzen. Eine gute Übersicht über die Anwendungsmöglichkeiten findet sich bei Wittinger (2000, 2014), der im letztgenannten Beitrag allerdings auch kritisch auf die bildungspolitischen, räumlichen und zeitlichen Restriktionen der Psychodrama-Arbeit im schulischen Kontext hinweist.

Auch in der *Erwachsenenbildung* gibt es zahlreiche Einsatzmöglichkeiten. Serafin (2014) beschreibt in ihrem Beitrag u. a., wie mit dem Psychodrama Bewerbungsgespräche simuliert oder berufliche Zukunftsperspektiven entwickelt werden können und wie Kommunikationstrainings oder gewerkschaftliche Seminare mit dem Psychodrama gestaltet werden.

Das Psychodrama und andere Verfahren der Therapie und Beratung   7

Moreno, der Begründer des Psychodramas, war für die Verbindung des Psychodramas mit anderen Verfahren offen und hat mit immer wieder mit Kombinationsmöglichkeiten experimentiert. Viele Verfahren haben sich vom Psychodrama inspirieren lassen, so dass Berne (1970) in einer Rezension des Standardwerkes „Gestalt Therapy Verbatim" erklärt, „dass nahezu alle bekannten ‚aktiven' Techniken zuerst durch Moreno im Psychodrama erprobt wurden, so dass es schwierig ist, diesbezüglich eine eigenständige Idee zu entwickeln" (S. 1519).

7.1 Psychodrama und Psychoanalyse

Moreno hat das Psychodrama in vielerlei Hinsicht als Gegenprogramm zur Psychoanalyse entwickelt. Dennoch räumt er selbst bei aller Kritik den prägenden Einfluss der Psychoanalyse ein, etwa wenn er in „Psychodrama, Bd. 3" bei der Darstellung der Wurzeln des Psychodramas die Psychoanalyse an erster Stelle nennt (vgl. Moreno 1969, S. 24). Mit der Weiterentwicklung der Psychoanalyse – insbesondere mit der Objektbeziehungstheorie – haben sich die Differenzen zwischen Psychoanalyse und Psychodrama verringert. In Frankreich gibt es eine starke Schule des psychoanalytischen Psychodramas; aber auch im deutschsprachigen Raum treten zahlreiche Autoren für ein psychoanalytisch bzw. tiefenpsychologisch fundiertes Vorgehen ein (z. B. Krüger 1997; Ploeger 1983). So können tiefenpsychologische Theoriebestände einen wichtigen Beitrag zur Erklärung der im Psychodrama stattfindenden Prozesse leisten, wie Krüger mit seiner hellsichtigen Analyse zeigt. Auf der anderen Seite kann das Psychodrama die psychoanalytische bzw. tiefenpsycho-

© Springer-Verlag Berlin Heidelberg 2015
F. von Ameln, †J. Kramer, *Einführung in das Psychodrama*, essentials,
DOI 10.1007/978-3-662-45626-2_7

logische Therapie in behandlungstechnischer Hinsicht bereichern. So beschreibt Rohde-Dachser in einem Interview (2014), wie die Beziehungserfahrungen der Klient/innen in szenischer Form umgesetzt und damit einer psychoanalytischen Deutung zugänglich gemacht werden können.

7.2 Psychodrama und Verhaltenstherapie

Die Verhaltenstherapie hat von Moreno das Rollenspiel übernommen, mit mehr oder weniger stark ausgeprägten psychodramatischen Akzenten. So bedient sich z. B. die Rollenspiel-Konzeption von Fliegel et al. (1998) einer Reihe psychodramatischer Techniken (Rollentausch, zur-Seite-Sprechen, Doppel, Autodrama). Die Anschlussstellen zwischen Psychodrama und Verhaltenstherapie sind jedoch bis heute kaum systematisch ausgearbeitet. Dies mag erstaunen: Das Psychodrama wird häufiger als den tiefenpsychologischen Ansätzen nahestehend wahrgenommen, jedoch hat Moreno das Psychodrama, wie Petzold (1982) anmerkt, eher als einübende und auf Problembewältigung fokussierende Methode verstanden. Wie die Verhaltenstherapie sieht das Psychodrama die handelnde Praxis als entscheidend für die psychische Gesundung an: Beide Verfahren betonen die individuelle Lerngeschichte des Patienten und messen den Erfolg ihrer Intervention an Verhaltensindikatoren. Im Psychodrama ist dieses Kriterium in erster Linie die Fähigkeit zur Variation des eigenen Rollenverhaltens. Viele psychodramatische Techniken (insbesondere das Doppel und der Spiegel, vgl. Kap. 5) dienen dazu, Emotionen und irrationale Kognitionen des Protagonisten deutlich und für diesen erlebbar zu machen. Alternative Verhaltensweisen werden (bewusst oder unbewusst) durch die Leitung und die übrigen Gruppenmitglieder verstärkt, erprobt und im Zuge des mehrfachen Durchspielens der betreffenden Szene gefestigt (shaping). Auch Prozesse des Imitations- und Modelllernens spielen im Psychodrama eine wichtige Rolle (vgl. Sader 1995). Vom Lernen am Modell profitieren besonders die Zuschauer, aber auch der Protagonist, wenn ein Gruppenmitglied seine Rolle übernimmt, um eine Verhaltensalternative vorzuspielen.

Die Synergiepotenziale des Psychodramas für die Verhaltenstherapie liegen sicherlich einerseits in einer Flexibilisierung und Intensivierung von Übungs- und Trainingseinheiten: Durch psychodramatische Elemente können die situativen Faktoren, die das Problemverhalten eines Klienten stützen, realistischer abgebildet werden, als es mit den Mitteln des Rollenspiels der Fall ist: „Im geschützten Raum der Spielbühne können wir unsere Top-down-gesteuerte Aufmerksamkeit auf weniger bekannte und weniger erhellte Objekte richten – wie beispielsweise das autobiografische Gedächtnis, die visuelle Wahrnehmung, die Denkprozesse,

Gewohnheiten und Werthaltungen, innerer Monolog usw." (Schaller 2014, der auch überblicksweise aufzeigt, was die beiden Verfahren voneinander lernen können). Viele verhaltenstherapeutische Selbstwahrnehmungsübungen können psychodramatisch inszeniert werden. Weiterhin ließen sich traditionelle Stärken des Psychodramas wie erlebnisaktivierende und biografische Arbeit für diagnostische Zwecke im Rahmen der kontextuellen Analyse nutzen.

Nicht zu übersehen sind allerdings die Divergenzen zwischen beiden Verfahren, die vor allem im Menschenbild und in der Leitvorstellung der therapeutischen Beziehung liegen.

7.3 Psychodrama und systemische Therapie/Beratung

Auf den ersten Blick scheint das „emotionale" Psychodrama mit den meist eher kühl wirkenden systemischen Ansätzen wenig gemeinsam zu haben. Sowohl im Hinblick auf die Beziehung zwischen Beraterin/Therapeut und Klient/in als auch im Hinblick auf die Methodik bestehen deutliche Unterschiede. Der zweite Blick zeigt dagegen zahlreiche konzeptuelle Berührungspunkte und praktische Kombinationsmöglichkeiten (vgl. etwa Ameln et al. 2004, S. 258 ff. und Klein 2014).

Der Fokus systemischer Arbeit liegt auf der systemischen Eingebundenheit des Individuums. Probleme werden nicht als individuelle Defekte, sondern als Auswirkungen von Kommunikationsstörungen in sozialen Systemen (Familien, Organisationen) oder im Lichte gesellschaftlich vorgegebener Narrative betrachtet. Entsprechend liegt der Fokus der Intervention nicht auf dem Individuum (allein), sondern auf dem sozialen System und seiner Bezüge zum Erleben und Handeln des Einzelnen. Moreno ist ein früher und radikaler Vertreter dieser Sichtweise, ein „Exponent ökologischen Denkens" (Buer 1992, S. 187). Auch für ihn ist die kleinste sinnvoll zu betrachtende und zu „therapierende" Einheit nicht das Individuum, sondern ein Nukleus von Bezugspersonen, das soziale Atom (vgl. Abschn. 2.2). Der Mensch gilt im Psychodrama somit als konstitutiv soziales Wesen, als Teil eines sozialen Systems, das seinerseits wiederum in einem Subsystem-Verhältnis zu größeren sozialen Systemen steht, die sich schließlich zur Gesellschaft verbinden (Morenos Theorie sozialer Netzwerke).

In einem Artikel von 1937 über die Therapie einer Frau, in die später ihr Ehemann und dessen Geliebte einbezogen wurden, weist sich Moreno bereits 1937 als früher Vertreter systemischen Denkens aus – Schlippe und Schweitzer (2002, S. 18) sehen Moreno als einen der drei Pioniere der Familientherapie an. Einigkeit zwischen systemischen Ansätzen und Psychodrama besteht auch bezüglich der non-direktiven Grundhaltung der Leitung sowie der Konzentration auf Lösungen und Ressourcen.

Schacht (1992) rekonstruiert Morenos „kreativen Zirkel", d. h. den Prozess, den eine Person durchlaufen muss, wenn sie sich aus erstarrten Rollenkonserven befreien und neue Gestaltungsmöglichkeiten für eine Rolle erarbeiten will (dargestellt in Abb. 2.1), vor dem Hintergrund der Selbstorganisationstheorie und der Synergetik. Dabei wird deutlich, dass die Gedanken, die Moreno zu seiner Zeit in seinen Begrifflichkeiten formuliert hat, nahezu identisch mit heute hochaktuellen Konzepten sind.

Das Konzept der surplus reality (siehe Abschn. 2.4) eröffnet Optionen für eine konstruktivistische Fundierung der Psychodrama-Methodik: Psychodrama heißt, die Innenwelt des Protagonisten (oder die unsichtbaren Dynamiken eines Systems) nach außen zu verlagern. In systemischen Begrifflichkeiten ausgedrückt liegt das Ziel darin, neue Unterscheidungen in die Beobachtung einzuführen. Prototypische systemische Techniken, die dieses Ziel verfolgen, sind das zirkuläre Fragen oder das reflecting team. Im Psychodrama wird das gleiche Ziel im Perspektivenwechsel des Rollentauschs, im erweiternden Doppel, bei der Spiegel-Technik (Beobachtung 2. Ordnung) und im Rollenfeedback verfolgt, um nur einige Beispiele zu nennen.

Dass die systemischen Methoden die bekannte Aufstellungsmethodik dem Psychodrama entlehnt hat (wenngleich mit veränderter Theoriegrundlage), wurde bereits erwähnt. Hier kann einerseits das Psychodrama lernen, wie man Dynamiken innerhalb eines Systems auch ohne aufwändige szenische Gestaltung verdeutlichen kann; aus der Sicht der systemischen Arbeitsweise stellt dagegen die psychodramatische Aufstellungsvariante (Abschn. 4.5) interessante Erweiterungsoptionen bereit.

Vor diesem Hintergrund kann das Psychodrama zu Recht als systemisches Verfahren par excellence gelten.

Was Sie aus diesem Essential mitnehmen können

- Das Psychodrama ist ein handlungsorientiertes, erlebnisaktivierendes Verfahren, das in unterschiedlichsten Arbeitsfeldern für therapeutische, beraterische und pädagogische Zielsetzungen eingesetzt werden kann
- Das Grundprinzip des Psychodramas besteht darin, die Wirklichkeit eines Fallgebers oder einer Gruppe in Form eines szenischen Arrangements sichtbar, reflektierbar und veränderbar zu machen
- Das Psychodrama wird häufig mit dem Rollenspiel verwechselt, ermöglicht aber eine sehr viel differenziertere, realitätsnähere und tiefgreifendere Arbeit
- Das Psychodrama ist ein sehr komplexes und leistungsfähiges Verfahren, das viele Anschlussstellen zu anderen Verfahren besitzt
- Während das volle Repertoire der Möglichkeiten sich nur mit einer mehrjährigen Psychodrama-Ausbildung nutzen lässt, können auch in anderen Verfahren ausgebildete, erfahrene Menschen einzelne Psychodrama-Elemente in ihre Arbeit integrieren

© Springer-Verlag Berlin Heidelberg 2015
F. von Ameln, †J. Kramer, *Einführung in das Psychodrama*, essentials,
DOI 10.1007/978-3-662-45626-2

Literatur

Aichinger, A. (2011). *Resilienzförderung mit Kindern* (Kinderpsychodrama Bd. 2). Wiesbaden: Springer.

Aichinger, A. (2012). *Einzel-und Familientherapie mit Kindern* (Kinderpsychodrama Bd. 3). Wiesbaden: Springer.

Aichinger A., & Holl W. (2010). *Gruppentherapie mit Kindern* (Kinderpsychodrama Bd 1). Wiesbaden: Springer.

Ameln, F. v. (2006). Organisationen in Bewegung bringen. Psychodrama und Soziodrama als systemische Verfahren der Personal-, Team- und Organisationsentwicklung. *Organisationsentwicklung, 25*(2), 32–39.

Ameln, F. v. (2013). Surplus Reality – der vergessene Kern des Psychodramas. *Zeitschrift für Psychodrama und Soziometrie, 12*(1), 5–19. doi:10.1007/s11620-012-0178-1

Ameln, F. v. (2014). Psychodramatische Diagnostik im Coaching. In H. Möller, & S. Kotte (Hrsg.), *Diagnostik im Coaching* (S. 33–48). Berlin: Springer.

Ameln, F. v., & Kramer J. (2014a). *Psychodrama: Grundlagen* (3. Aufl.). Berlin: Springer.

Ameln, F. v., & Kramer J. (2014b). *Psychodrama: Praxis*. Berlin: Springer.

Ameln, F. v., & Kramer J. (2014c). Psychodrama in der Personal-, Team- und Organisationsentwicklung. In F. v. Ameln & J. Kramer (Hrsg.), *Psychodrama: Praxis* (S. 121–137). Berlin: Springer.

Ameln, F. v., & Kramer J. (2014d). Psychodrama im Coaching. In F. v. Ameln & J. Kramer (Hrsg.), *Psychodrama: Praxis* (S. 157–170). Berlin: Springer.

Ameln, F. v., & Lames, G. (2007). Systemaufstellung in Organisationen – Von der Gegenwart zu den Ursprüngen und zurück. In T. Groth & G. Stey (Hrsg.), *Potenziale der Organisationsaufstellung. Innovative Ideen und Anwendungsbereiche* (S. 131–153). Heidelberg: Auer.

Ameln, F. v., & Wieser, M. (Hrsg.) (2014). Jacob Levy Moreno revisited – ein schöpferisches Leben. Zum 125. Geburtstag. Wiesbaden: Springer VS Sozialwissenschaft.

Ameln, F. v., Gerstmann, R., & Kramer, J. (2004). *Psychodrama* (1. Aufl.). Berlin: Springer VS Sozialwissenschaft.

Argelander, H. (1970). Die szenische Funktion des Ich und ihr Anteil an der Symptom- und Charakterbildung. *Psyche, 24*, 325–345.

Bender, W., & Stadler, C. (2011). *Psychodrama-Therapie: Grundlagen, Methodik und Anwendungsgebiete*. Stuttgart: Schattauer.

© Springer-Verlag Berlin Heidelberg 2015
F. von Ameln, †J. Kramer, *Einführung in das Psychodrama*, essentials,
DOI 10.1007/978-3-662-45626-2

Berne, E. (1970). A review of „Gestalt Therapy Verbatim". *American Journal of Psychiatry, 126*(10), 1519–1520.

Buer, F. (1991). Rolle und Identität. Von Psychodramatikern und Psychodramatikerinnen in unserer Zeit. *Psychodrama, 4*(2), 255–272.

Buer, F. (1992). Über die Wahrheit der psychodramatischen Erkenntnis. *Gruppenpsychotherapie und Gruppendynamik, 28,* 181–203.

Buer, F. (Hrsg.) (1999a). *Morenos therapeutische Philosophie. Zu den Grundideen von Psychodrama und Soziometrie* (3. Aufl.). Opladen: Leske & Budrich.

Buer, F. (1999b). Morenos therapeutische Philosophie. Ihre aktuelle Rezeption und Weiterentwicklung. In F. Buer (Hrsg.), *Morenos therapeutische Philosophie. Die Grundideen von Psychodrama und Soziometrie* (3. Aufl., 227–258). Opladen: Leske & Budrich.

Buer, F. (Hrsg.) (2004). *Praxis der Psychodramatischen Supervision. Ein Handbuch* (2. Aufl.). Wiesbaden: Springer.

Buer, F. (2005). Aufstellungsarbeit nach Moreno in Formaten der Personalarbeit in Organisationen. Beispiel: Aufstellen von Führungsdilemmata. *Zeitschrift für Psychodrama und Soziometrie, 4*(2), 285–310.

Buer, F. (2014). Psychodrama in der Supervision. In F. v. Ameln & J. Kramer (Hrsg.), *Psychodrama: Praxis* (S. 139–155). Berlin: Springer.

Burmeister, J. (2014). Psychodrama in der Psychotherapie. In F. v. Ameln & J. Kramer (Hrsg.), *Psychodrama: Praxis* (S. 7–46). Berlin: Springer.

Erlacher-Farkas, B., & Jorda C. (Hrsg.) (1996). *Monodrama: Heilende Begegnung – Vom Psychodrama zur Einzeltherapie.* Wien: Springer.

Fliegel, S., Groeger, W. M., Künzel, R., Schulte, D., & Sorgatz, H. (1998). *Verhaltenstherapeutische Standardmethoden. Ein Übungsbuch* (4. Aufl.). Weinheim: Beltz.

Fürst, J., Ottomeyer, K., & Pruckner, H. (Hrsg.) (2004). *Psychodrama-Therapie. Ein Handbuch.* Wien: Facultas.

Hutter, C. (2000). *Psychodrama als experimentelle Theologie. Rekonstruktion der therapeutischen Philosophie Morenos aus praktisch-theologischer Perspektive.* Münster: Lit.

Hutter, C. (2014). Aktueller denn je – Spiritualität und Religiosität. Morenos Werk aus theologischer Sicht. In F. v. Ameln & M. Wieser (Hrsg.), *Jacob Levy Moreno revisited – ein schöpferisches Leben. Zum 125. Geburtstag* (S. 183–198). Wiesbaden: Springer.

Hutter, C., & Schwehm, H. (Hrsg.) (2012). *J. L. Morenos Gesamtwerk in Schlüsselbegriffen* (2. Aufl.). Wiesbaden: Springer.

Klein, U. (2014). Wat den een sien Uhl, is den annern sien Nachtigal... Zum Verhältnis von Psychodrama, Systemtheorie und Systemischer Familientherapie. *Zeitschrift für Psychodrama und Soziometrie, 14*(2), 179–191.

Krüger, R. T. (1997). *Kreative Interaktion. Tiefenpsychologische Theorie und Methoden des klassischen Psychodramas.* Göttingen: Vandenhoeck & Ruprecht.

Krüger, R. (2014). Was hat Moreno zur Entwicklung der Psychotherapie beigetragen? Mentalisieren durch Psychodrama. In F. v. Ameln & M. Wieser (Hrsg.), *Jacob Levy Moreno revisited – ein schöpferisches Leben. Zum 125. Geburtstag* (S. 225–240). Wiesbaden: Springer.

Leutz, G. A. (1974). *Das klassische Psychodrama nach J. L. Moreno.* Berlin: Springer.

Lorenzer, A. (1973). *Sprachzerstörung und Rekonstruktion.* Frankfurt a. M.: Suhrkamp.

Migge, B. (2014). Psychodramatische Elemente im integrativen Coaching. *Zeitschrift für Psychodrama und Soziometrie, 14*(2), 275–285.

Moreno, J. L. (1924). *Das Stegreiftheater.* Potsdam: Kiepenheuer.

Moreno, J. L. (1959). *Gruppenpsychotherapie und Psychodrama. Einleitung in die Theorie und Praxis*. Stuttgart: Thieme.

Moreno, J. L. (1965). Therapeutic vehicles and the concept of surplus reality. *Group Psychotherapy and Psychodrama, 18*, 211–216.

Moreno, J. L. (1969). *Psychodrama* (Bd. 3). Beacon: Beacon House.

Moreno, J. L. (1977). Die Psychiatrie des Zwanzigsten Jahrhunderts als Funktion der Universalia Zeit, Raum, Realität und Kosmos. In H. Petzold (Hrsg.), *Angewandtes Psychodrama in Therapie, Pädagogik und Theater* (S. 101–112). Paderborn: Junfermann.

Moreno, J. L. (1981). *Soziometrie als experimentelle Methode*. Paderborn: Junfermann.

Moreno, J. L. (1982). Soziodrama. In H. Petzold & U. Mathias (Hrsg.), *Rollenentwicklung und Identität. Von den Anfängen der Rollentheorie zum sozialpsychiatrischen Rollenkonzept Morenos* (S. 297–300). Paderborn: Junfermann.

Moreno, J. L. (1991). Globale Psychotherapie und Aussichten einer therapeutischen Weltordnung. In F. Buer (Hrsg.), *Jahrbuch für Psychodrama, psychosoziale Praxis & Gesellschaftspolitik 1991* (S. 11–44). Opladen: Leske & Budrich.

Moreno, J. L. (1995). *Auszüge aus der Autobiographie*. Köln: inScenario.

Moreno, J. L. (1996). *Die Grundlagen der Soziometrie. Wege zur Neuordnung der Gesellschaft* (4. Aufl.). Opladen: Leske & Budrich.

Novy, K. (2014). Begegnung an Schnittstellen – Morenos Werk aus soziologischer Sicht. In F. v. Ameln & M. Wieser (Hrsg.), *Jacob Levy Moreno revisited – ein schöpferisches Leben. Zum 125. Geburtstag* (S. 167–181). Wiesbaden: Springer.

Ottomeyer, K. (1987). *Lebensdrama und Gesellschaft. Szenisch-materialistische Psychologie für soziale Arbeit und politische Kultur*. Wien: Deuticke.

Petzold, H. (1981). Integrative Dramatherapie – Überlegungen und Konzepte zu einem integrativen Ansatz erlebnisaktivierender Therapie. *Integrative Therapie, 1*, 46–61.

Petzold, H. (1982). Behaviourdrama als verhaltenstherapeutisches Rollenspiel. In ders. (Hrsg.), *Dramatische Therapie: neue Wege der Behandlung durch Psychodrama, Rollenspiel, therapeutisches Theater* (S. 219–233). Stuttgart: Hippokrates.

Petzold, H., & Mathias, U. (Hrsg.) (1982). *Rollenentwicklung und Identität. Von den Anfängen der Rollentheorie zum sozialpsychiatrischen Rollenkonzept Morenos*. Paderborn: Junfermann.

Ploeger, A. (1983). *Tiefenpsychologisch fundierte Psychodramatherapie*. Stuttgart: Kohlhammer.

Pruckner, H. (2001). *Das Spiel ist der Königsweg der Kinder*. München: inScenario.

Psychodrama. (1991). Themenheft „Soziales Atom". *4*(1).

Rohde-Dachser, C. (2014). Psychodrama und Psychoanalyse. *Zeitschrift für Psychodrama und Soziometrie, 14*(2), 225–229.

Sader, M. (1995). Psychodrama und Psychologie. In F. Buer (Hrsg.), *Jahrbuch für Psychodrama, psychosoziale Praxis und Gesellschaftspolitik 1994* (S. 7–30). Opladen: Leske & Budrich.

Schacht, M. (1992). Zwischen Ordnung und Chaos. Neue Aspekte zur theoretischen und praktischen Fundierung der Konzeption zwischen Spontaneität und Kreativität. *Psychodrama, 5*(1), 95–130.

Schacht, M. (2009). *Das Ziel ist im Weg. Störungsverständnis und Therapieprozess im Psychodrama*. Wiesbaden: Springer.

Schaller, R. (2014). Rollenspiel in Verhaltenstherapie und Psychodrama. *Zeitschrift für Psychodrama und Soziometrie, 14*(2), 211–223.

Schlippe, A. v., & Schweitzer, J. (2002). *Lehrbuch der systemischen Therapie und Beratung* (8. Aufl.). Göttingen: Vandenhoeck & Ruprecht.

Schützenberger-Ancelin, A. (1979). *Psychodrama. Ein Abriß, Erläuterung der Methoden.* Stuttgart: Hippokrates.

Schulz von Thun, F. (1998). *Miteinander Reden 3. Das ‚innere Team' und situationsgerechte Kommunikation.* Reinbek: Rowohlt.

Schwinger, T. (2014a). Psychodrama in der Sozialarbeit. In F. v. Ameln & J. Kramer (Hrsg.), *Psychodrama: Praxis* (S. 203–217). Berlin: Springer.

Schwinger, T. (2014b). Psychodrama und Soziometrie in der Sozialarbeit. In F. v. Ameln & M. Wieser (Hrsg.), *Jacob Levy Moreno revisited – ein schöpferisches Leben. Zum 125. Geburtstag* (S. 257–273). Wiesbaden: Springer.

Stadler, C. (Hrsg.) (2013). *Soziometrie: Messung, Darstellung, Analyse und Intervention in sozialen Beziehungen.* Wiesbaden: Springer.

Stadler, C., & Spörrle, M. (2008). Das Rollenspiel. Versuch einer Begriffsbestimmung. *Zeitschrift für Psychodrama und Soziometrie, 7*(2), 165–188.

Stimmer, F. (2000). *Grundlagen des Methodischen Handelns in der Sozialen Arbeit.* Stuttgart: Kohlhammer.

Wangen, K. (2003). Den Wandel erleben. Change Management, psychodramatisch. *Zeitschrift für Psychodrama und Soziometrie, 3*(2), 269–292.

Wiener, R. (2001). *Soziodrama praktisch. Soziale Kompetenz szenisch vermitteln.* München: inScenario.

Wittinger, T. (Hrsg.). (2000). *Psychodrama in der Bildungsarbeit.* Mainz: Grünewald.

Wittinger, T. (2014). Psychodrama in der Schule. In F. v. Ameln & J. Kramer (Hrsg.), *Psychodrama: Praxis* (S. 75–90). Berlin: Springer.

Yaniv, D. (2014). Tele and the social atom. The oeuvre of J.L. Moreno from the perspective of neuropsychology. In F. v. Ameln & M. Wieser (Hrsg.), *Jacob Levy Moreno revisited – ein schöpferisches Leben. Zum 125. Geburtstag* (S. 107–120). Wiesbaden: Springer.

Zeintlinger-Hochreiter, K. (1996). *Kompendium der Psychodrama-Therapie. Analyse, Präzisierung und Reformulierung der psychodramatischen Therapie nach J. L. Moreno.* München: inScenario.

Zeitschrift für Psychodrama und Soziometrie. (2003). Themenheft „Rollenwechsel/Rollentausch". *2*(1).

Zeitschrift für Psychodrama und Soziometrie. (2013a). Themenheft „Doppeln". *12*(2).

Zeitschrift für Psychodrama und Soziometrie. (2013b). Themenheft „Surplus reality". *12*(1).

Weiterführende Literatur

Ameln, F. v., & Kramer, J. (2014a). *Psychodrama: Grundlagen* (3. Aufl.). Berlin: Springer (Grundlagenwerk mit Lehrbuchcharakter, in dem die theoretischen und methodischen Grundlagen des Psychodramas ausführlicher dargestellt werden. Der Schwerpunkt liegt auf differenzierten Hinweisen für die Anwendung des Psychodramas in der Praxis. das Buch behandelt auch wichtige, aber seltener zu findende Themen wie psychodramatische Prozessgestaltung oder den Umgang mit Querschnittsthemen wie emotionaler Verletzung, Aggression, „Widerstand" oder Multikulturalität).

Ameln, F. v., & Kramer, J. (2014b). *Psychodrama: Praxis*. Berlin: Springer (Praxisbuch mit 14 Beiträgen zur Nutzung des Psychodramas in verschiedenen Anwendungsfeldern).

Buer, F. (Hrsg.) (1999). *Morenos therapeutische Philosophie. Zu den Grundideen von Psychodrama und Soziometrie* (3. Aufl.). Opladen: Leske & Budrich (Wichtiges Grundlagenwerk zu den Grundlagen des Psychodramas, unerlässlich zur Vertiefung des Verständnisses für das Verfahren und zur Schärfung der eigenen Haltung als Psychodramatiker/in).

Bender, W., & Stadler, C. (2011). *Psychodrama-Therapie: Grundlagen, Methodik und Anwendungsgebiete*. Stuttgart: Schattauer.

Fürst, J., Ottomeyer, K., & Pruckner, H. (Hrsg.). (2004). *Psychodrama-Therapie. Ein Handbuch*. Wien: Facultas.

Stadler, C., & Kern, S. (2010). *Psychodrama: Eine Einführung*. Wiesbaden: VS Verlag. Einführungswerke mit Fokus auf Psychodrama-Therapie.

Lesen Sie hier weiter